Sur la route du Findi*

ISBN : 2-84928-074-7

MONIQUE DELANOUE-PAYNOT - JEAN-PHILIPPE BLANC

Sur la route du Findi*

Illustrations : Geneviève Marot - Photographies : Christophe Raynaud de Lage

JML
JACQUES-MARIE LAFFONT EDITEUR

Val d'Aoste
Haut Adige
Lombardie
Vénétie
Piemont
Emilie Romagne
Ligurie
Toscane
Marches
Ombrie
Abruzzes
Latium
Campanie
Pouilles
Sardaigne
Calabre
Sicile
De Bari en Lorraine s'en vint Saint Nicolas.
Jean Philippe Blanc le Lorrain pris la route d'Italie pour nous révéler sa cuisine au
Findi

Sommaire

Préface

Ouvrir un restaurant, écrire un livre… Voilà un plaisir qui dans les deux cas repose sur le partage, l'envie de faire découvrir ce que son propre cœur apprécie et lorsque l'un et l'autre se mêlent, lorsque le livre raconte l'aventure d'un lieu bâti avec passion, ce que l'on touche du doigt est un peu de vrai bonheur !

Il s'agit de mon premier livre et ce premier livre raconte comment, avec les chefs du Findi, nous avons choisi des recettes simples parmi les plus créatives et les plus originales qu'offre la terre généreuse d'Italie. Ce sont ces plats aux mille saveurs et aux couleurs variées que nous vous proposons de découvrir ici.

La cuisine est un art, mais cet art en Italie confine au sacré. *Sur la route du Findi* raconte un itinéraire gourmand crée en 2001 et propose à chacun des lecteurs, transformés pour quelques pages en convives, de découvrir les spécialités des neuf régions les plus emblématiques de la cuisine de la botte.

Mes fréquents voyages dans la péninsule m'ont appris à quel point l'Italie, à l'instar de la France, connaît une cuisine variée que souvent nous ignorons, persuadés que nous sommes que seules les pâtes et la pizza garnissent les tables de nos voisins.

Des parfums de la Toscane à ceux du Piémont, des senteurs d'Aoste à celles de Palerme, les pages de ce livre nous guident sur le chemin d'un véritable enchantement culinaire.

Ce Carnet de Cuisine et de voyage mêlés vous transformera aussi en cuisinier en partageant avec vous certains petits secrets traditionnels qui vous permettront de réussir à régaler en un tour de main ceux qui vous entourent.

Alors faites-vous plaisir, et *andiamo Sur la route du Findi.*
Bona degustazione.

JEAN-PHILIPPE BLANC

Piémont

Le pays au pied de la montagne…
Les forêts y regorgent de champignons, de truffes et de noix.
La cuisine du terroir raffole de gibiers préparés avec raffinement et rehaussés par la qualité de vins de grande classe…
Le *Barolo*, le *Barbaresco* ou le *Barbera* à la réputation internationale.
Les plats de riz, les crèmes d'anchois ravissent les palais autant que la douceur fondante du *Gorgonzola*, spécialité du Piémont.
Et dans les caves piémontaises se cachent des mousseux prestigieux dignes des meilleurs champagnes.

Piedmont

The country in the bottom of the mountains…
The forests abound in mushrooms, truffles and nuts.
The cuisine of the land is often made of game prepared with refinement.
The internationally famous Barolo, Barbaresco or Barbera wines improve of course the pleasure of having such dishes.
You can also find several rice dishes as well as the typical anchovy cream or the melting Gorgonzola cheese.
Finally, you can find in Piedmont several prestigious sparkling wines worthy of the famous French Champagne.

OLIO EXTRA
DI OLIVA
SANTA
TEA

Trio de poivrons marinés et anchois

Trio of marinated peppers and anchovies

POUR 4 PERSONNES

INGRÉDIENTS

Poivron rouge - 250 g
Poivron vert - 250 g
Poivron jaune - 250 g
Ail (gousse) - 1
Basilic (botte) - 1/2
Huile d'olive vierge - 25 cl
Vinaigre balsamique - 10 cl
Anchois au sel - 4
Câpres - 1 cuillère à soupe

Faites frire les poivrons afin de pouvoir les éplucher. Après les avoir épépinés, tranchez-les en larges lamelles. Hachez les anchois désarêtés avec les câpres et l'ail. Faites cuire le mélange sur feu doux jusqu'à obtention d'une sauce épaisse. Disposez les lamelles de poivron sur le fond de l'assiette. Versez dessus la sauce tiède aux anchois. Décorez enfin avec le basilic.

YIELD: 4 SERVINGS

INGREDIENTS

Red peppers - 250 g – 9 oz
Green peppers - 250 g – 9 oz
Yellow peppers - 250 g – 9 oz
Garlic (glove) - 1
Basil (bunch) - 1/2
Extra Virgin Olive Oil - 25 cl – 8.5 oz
Balsamic Vinegar - 10 cl – 3.4 oz
Salt-packed anchovies - 4
Capers - 1 soupspoon

Fry the peppers in order to be able to peel them. Deseed them and slice them in broad slices. Remove the anchovies' bones. Chop the anchovies with the capers and the garlic and cook this mix until it becomes a deep sauce. Put the pepper slices in the plates. Pour the sauce on them and finally decorate with some leaves of basil.

Risotto aux cèpes du moment

Risotto with fresh Porcini (Boletus Edulis) Mushrooms

POUR 4 PERSONNES

INGRÉDIENTS

Riz carnaroli - 400 g
Échalote - 100 g
Cèpes - 400 g
Ail (gousse) - 1
Bouillon de volaille - 1,6 l
Beurre - 100 g
Parmesan râpé - 80 g
Vin blanc sec - 20 cl

Épluchez et ciselez les échalotes.
Essuyez et épluchez les cèpes, coupez-les en tranches fines.
Faites "fondre" une partie du beurre bien chaud avec les échalotes et le riz jusqu'à ce que ce dernier devienne nacré.
Déglacez avec le vin blanc, laissez réduire, puis mouillez avec le bouillon de volaille.
Faites cuire durant 17 minutes.
En fin de cuisson, ajoutez les cèpes poêlés avec l'ail.
Montez le risotto au beurre et liez-le au parmesan râpé.

YIELD: 4 SERVINGS

INGREDIENTS

"Carnaroli" Rice - 14 oz – 400 g
Shallot - 3.5 oz – 100 g
Porcini mushrooms - 14 oz – 400 g
Garlic (glove) - 1
Poultry Stock - 54 oz – 1.6 l
Butter - 3.52 oz – 100 g
Grated Parmesan Cheese - 2.8 oz – 80 g
Dry White Wine - 54 oz – 20 cl

Peel and slice the shallots very thin.
Wipe and peel the porcini, slice them.
Cook the shallots and the rice with a part of the butter until the rice is slightly toasted.
Deglaze with the white wine and let it evaporate and then add the broth.
Let it cook for 17 minutes.
Fry the Porcini with the garlic and add them to the rice when it is cooked.
Finally, add the remaining butter and the parmesan cheese.

Panna cotta à la banane et sa sauce au chocolat

Panna Cotta with Banana and Chocolate Sauce

POUR 4 PERSONNES

INGRÉDIENTS

Crème fleurette - 50 cl
Banane - 150 g
Sucre - 150 g
Gélatine - 2 feuilles
Cacao - 75 g

Mixez les bananes avec le sucre et la crème fleurette.
Faites chauffer doucement dans une casserole jusqu'à ébullition.
Ajoutez-y la gélatine. Mélangez.
Versez dans 4 ramequins, puis laissez refroidir durant 2 à 3 heures.
Préparez la sauce au chocolat en faisant cuire le cacao avec la même quantité de sucre et d'eau, tout en remuant doucement avec une spatule en bois.
Laissez refroidir.
Pour servir, démoulez les panna sur des assiettes et nappez de sauce au chocolat.

YIELD: 4 SERVINGS

INGREDIENTS

Whipping Cream - 50 cl – 16.9 oz
Banana - 150 g – 5.3 oz
Sugar - 150 g – 5.3 oz
Gelatine - 2 leaves
Cocoa powder - 75 g- 2.5 oz

Blend the bananas with the sugar and the cream.
Heat the cream while stirring up until it boils.
Add the gelatine and stir.
Put the cream in 4 cups or the like and let it cool down for 2 or 3 hours.
Mix the cocoa powder with the same quantity of water and sugar and boil it, stirring it all the time with a wood spoon.
Leave to cool.
Turn out the "panna" in plates and top with the chocolate cream.

Lombardie

Milan, ville turbulente et enfiévrée, regarde de haut les neuf provinces à la tradition culinaire incontestable.
Fière de son *Osso buco*, de ses *Risottos*, de ses *Cotoletta* servis avec un riz triomphant, reléguant les pâtes à la dernière place.
À Brescia ou à Bergame, les plats de viande et les gibiers sont accompagnés de Polenta jaune d'or.
À Mantoue, on sert les *Tortellis di Zucca*, des ravioles à la citrouille arrosées de beurre fondu.
Mais la reine de la Lombardie reste l'asperge !
Chaque printemps, ses tiges fragiles ravissent les impatients avec une préférence pour l'asperge verte, excellente pour la santé et peu calorique.

Lombardy

Milan, this turbulent and feverish town, looks at the nine provinces in a haughty way. However, the culinary tradition of these regions is undeniable.
Milan is proud of its Osso buco, its Risotto and its Cotoletta where the rice triumphs over pasta dishes.
At Bergamo or Brescia the meat or fame dishes are served with some gilded Polenta.
At Mantova, you can find some Tortelli di Zucca, stuffed pasta with pumpkin sprinkled with melted butter.
Anyway, the King of Lombardy is still the Asparagus!
Many impatient people are happy every spring season when they can finally taste this very healthy vegetable and especially the green Asparagus.

Pointes d'asperges vertes en salade de mesclun, œuf poché et saumon fumé

Mixed salad with Green Asparagus and Mesclun Poached Egg and Smoked Salmon

POUR 4 PERSONNES

INGRÉDIENTS

Mesclun (poignées) - 4
Pointes d'asperges vertes - 12
Œufs - 4
Tranches de Saumon fumé - 12
Huile d'olive - 20 cl
Vinaigre balsamique - 10 cl
Vinaigre blanc - 10 cl
Sel, poivre

Lavez le mesclun et essorez-le. Faites pocher les œufs dans l'eau frémissante vinaigrée durant 2 minutes 30 puis faites-les refroidir dans un bol d'eau avec des glaçons et égouttez-les. Faites cuire à l'eau bouillante salée les pointes d'asperges légèrement croquantes puis faites-les refroidir dans un bol d'eau avec glaçons et égouttez-les. Roulez les asperges dans les tranches de saumon. Assaisonnez la salade avec une vinaigrette à l'huile d'olive et vinaigre balsamique. Disposez sur quatre assiettes le mesclun. Ajoutez les asperges enroulées de saumon tout en laissant déborder les pointes. Posez l'œuf sur le dessus. Versez une goutte de vinaigre balsamique. Un coup de poivre noir au moulin sur le tout.

YIELD: 4 SERVINGS

INGREDIENTS

Mesclun (handfuls) - 4
Green Asparagus - 12
Eggs - 4
Smoked salmon (slices) - 12
Olive Oil - 20 cl – 6.8 oz
Balsamic Vinegar - 10 cl – 3.4 oz
White Vinegar - 10 cl – 3.4 oz
Salt, Pepper

Rinse and dry the mesclun.
Boil the eggs in water and vinegar for 2 minutes and a half.
Leave them to cool in a cup with ice.
Cook the top of the asparagus in salted water, they must be crunchy so don't cook them too much.
Leave them to cool in a cup with ice.
Roll the asparagus in the salmon slices.
Dress the salad with olive oil and balsamic vinegar.
Put the mesclun in 4 plates.
Add the asparagus rolled in the salmon slices, the top of the asparagus must be outside the salmon.
Put the eggs on the salmon and dress with balsamic vinegar and pepper.

Osso buco à la Milanaise

Osso buco Milanese

POUR 4 PERSONNES

INGRÉDIENTS

Jarrets de veau - 4 pièces
Carotte - 1
Oignon - 1
Céleri branche - 1
Tomates moyennes - 5
Persil (botte) - 1/4
Zeste de citron - 1/2
Fond de veau - 25 cl
Huile d'olive - 10 cl
Sel, poivre

Épluchez, lavez et taillez les légumes en petits dés. Faites chauffer l'huile. Faites revenir les osso buco dans une sauteuse jusqu'à coloration. Réservez au chaud. Faites suer les légumes, et ajoutez les dés de tomate. Mouillez au fond de veau, ajoutez les jarrets, salez et poivrez. Laissez cuire doucement pendant 1 heure 30. Servez sur chaque assiette un osso buco nappé du fond de cuisson avec ses légumes. Parsemez le mélange de zestes de citron et de persil haché.

Ce plat peut être servi avec un risotto à la Milanaise.

YIELD: 4 SERVINGS

INGREDIENTS

Shins of veal - 4 pieces
Carrot - 1
Onion - 1
Celery - 1
Tomatoes - 5
Parsley (bunch) - 1/4
Lemon peel - 1/2
Veal Stock - 25 cl – 8.45 oz
Olive Oil - 10 cl – 3.4 oz
Salt, pepper

Peel, rinse and dice the vegetables. Heat three tablespoons of olive oil in a large sauté pan over medium heat. When the oil is hot, slip in the pieces of veal and brown them on all sides. Keep them warm. Sweat the vegetables (add the tomatoes afterwards). Add the stock, the pieces of meal, salt and pepper. Cook on slow for one hour and a half. Serve in each plate one osso buco with vegetables and decorate with some parsley and lemon peel.

This dish can be also served with a Milanese Risotto.

Tiramisu " Findi "

"Findi's Tiramisù"

POUR 8 PERSONNES

INGRÉDIENTS
Biscuits à la cuiller - 16
Café - 50 cl
Cognac - 5 cl
Mascarpone - 250 g
Jaune d'œuf - 75 g
Blanc d'œuf - 150 g
Sucre - 150 g
Cacao - 50 g

Trempez les biscuits dans le café.
Laissez-les égoutter.
Mélangez le mascarpone avec les jaunes d'œuf, 50 g de sucre et le cognac jusqu'à obtention d'une mousse légère.
Montez les blancs en neige très fermes avec 100 g de sucre.
Mélangez la mousse de mascarpone avec les blancs montés.
Disposez les biscuits serrés dans le fond d'un plat creux.
Nappez avec la mousse de mascarpone.
Laissez reposer au froid pendant au moins 2 heures.
Au moment de déguster, saupoudrez de cacao.

YIELD: 8 SERVINGS

INGREDIENTS
Savoiardi lady fingers - 16
Espresso Coffee - 50 cl – 17 oz
Cognac - 5 cl – 1.7 oz
Mascarpone - 250 g – 8.8 oz
Egg White - 75 g – 2.6 oz
Egg Yolk - 150 g – 5.3 oz
Sugar - 150 g – 5.3 oz
Cocoa Powder - 50 g – 1.76 oz

Quickly dip the savoiardi in the espresso bowl.
To get the right amount of coffee, lay the finger flat in the bottom of the bowl sugared side up and immediately pull it out.
Beat the mascarpone with the egg yolk, 1.76oz of sugar and the cognac until fluffy.
Fold beaten egg whites into the mascarpone mixture.
Mix only enough to blend.
Place each finger in the bottom of the pan sugar side down.
Spoon the mascarpone mixture on the savoiardi.
Refrigerate for at least 2 hours.
Sift the cocoa powder on top before serving.

Frioul, Vénétie et Trentino

Dans la région alpine de Frioul s'exprime une nature authentique.
Là, règnent les jambons célèbres de San Daniele del Friuli, le lard moelleux et le savoureux fromage Montasio de la Carnia.
Les vignerons offrent aux amateurs de bons vins les excellents *Collio*, *Grave del Friuli* ou *Colli Orientali*.
On aime une cuisine simple.
On se régale de viande de porc grillée, de soupe de fèves ou de navets marinés dans le marc de raisin.
En Vénétie, on ne jure que par le Risotto préparé avec du poisson ou des fruits de mer.
Et le Trentin s'enorgueillit de son fameux poulet farci tandis que le chou, les pommes de terre, les soupes de farine, et les *Knödel*, boulettes confectionnées à base de restes de pain sont à l'honneur !

Friuli, Veneto and Trentino

*You can find an authentic nature in the alpine region of Friuli.
The famous San Daniele prosciutto, the tasty Montasio de la Carnia cheese or the marrowy bacon, originating from this region.
The wine growers propose the great Collio, Grave del Friuli or Colli Orientali to the lovers of good wine.
People like simple cuisine in that place : grilled pork meat, broad beans soup, or turnips marinated in grape marc.
In Veneto, the favourite dishes are fish or sea-food Risotto.
Finally, Trentino is proud of its famous stuffed chicken but it proposes as well some cabbage, potatoes, and flour soup or meat balls.*

Carpaccio de bœuf à la Cipriani

Cipriani's Beef Carpaccio

POUR 4 PERSONNES

INGRÉDIENTS

Rond de gîte - 480 g
Roquette sauvage (poignée) - 1
Jaune d'œuf - 1
Moutarde - 50 g
Crème fleurette - 10 cl
Huile de pépin de raisin - 25 cl
Tabasco (gouttes) - 10
Sel, poivre

Tranchez finement le rond de gîte sur 4 assiettes.
Faites une mayonnaise relevée au Tabasco et détendue à la crème fleurette.
Disposez la salade de roquette au centre de chaque assiette de carpaccio.
Versez un cordon de sauce Cipriani.
Salez et poivrez.

YIELD: 4 SERVINGS

INGREDIENTS

Beef tenderloin - 480 g – 17 oz
Roquette Salad (handful) - 1
Egg Yolk - 1
Mustard - 50 g – 1.76 oz
Whipping Cream - 10 cl – 3.4 oz
Grape seed oil - 25 cl – 8.45 oz
Tabasco - 10 drips
Salt, pepper

Thinly slice the meat (with a slicing machine would be better).
Arrange the sliced beefs on 4 serving plates.
Make a mayonnaise spiced with the Tabasco and add the cream.
Arrange the Roquette in the middle of each place of meat.
Dress with the sauce, salt and pepper.

Risotto noir à la seiche

Cuttlefish Black Risotto

POUR 4 PERSONNES

INGRÉDIENTS

Riz arborio - 400 g
Encre de seiche (sachet) - 1
Fumet de poisson - 1,2 l
Blanc de seiche - 200 g
Huile d'olive - 5 cl
Oignon - 100 g
Beurre - 75 g
Vin blanc - 10 cl

Épluchez l'oignon, ciselez-le et faites-le suer à l'huile d'olive sans coloration. Ajoutez le riz, laissez macérer, versez le vin blanc. Laissez réduire à sec, mouillez ensuite avec le fumet de poisson bouillant. Ajoutez l'encre de seiche et laissez cuire durant 17 minutes en remuant fréquemment. Le riz gonfle et se colore tout en restant moelleux. En finition, "montez" en beurre et laissez reposer quelques minutes. Émincez les blancs de seiche, faites-les cuire rapidement à la poêle. Servez le risotto dans 4 assiettes creuses et disposez sur le dessus les rouelles de seiche. Dégustez bien chaud.

YIELD: 4 SERVINGS

INGREDIENTS

Arborio Rice - 400 g – 14 oz
Cuttlefish Ink (sack) - 1
Fish fumet (stock) - 1,2 l
Cleaned cuttlefish - 200 g – 7 oz
Olive Oil - 5 cl – 1.69 oz
Onion - 100 g – 3.5 oz
Butter - 75 g – 2.5 oz
Dry White Wine - 10 cl – 3.4 oz

Peel and slice thinly the onion.
Fry the onion in olive oil until lightly golden.
Add the rice and, stirring constantly, cook until opaque about 5 minutes then add the white wine.
When the rice becomes dry, add fish stock which must be warm.
The rice soaks and browns while remaining smooth.
Finish by beating with some butter and leave to cool a few minutes.
Add the Cuttlefish Ink and, stirring constantly, cook for 17 minutes.
Slice the cuttlefish and fry for a couple of minutes.
Serve the risotto in four soup plates at put the slices of cuttlefish on the top. Serve warm.

Tranches de foie de veau à la Vénitienne

Venetian Slices of Veal Liver

POUR 4 PERSONNES

INGRÉDIENTS

Foie de veau - 4 tranches de 160g chacune
Oignons - 2
Fond de veau - 25cl
Persil plat (botte) - 1/4
Huile d'olive - 10cl
Beurre - 50g
Sel, poivre

Épluchez et émincez les oignons.
Dans une sauteuse, faites fondre doucement le beurre.
Faites suer les oignons en les faisant légèrement "compoter".
Finissez la cuisson avec le fond de veau. Saisissez les tranches de foie de veau, faites-les cuire juste rosées. Disposez-les sur chaque assiette nappées de la fondue d'oignon parsemée de persil haché.

Ce plat peut être accompagné de polenta.

YIELD: 4 SERVINGS

INGREDIENTS

Veal Liver - 4 slices, 160g each – 5.6oz
Onions - 2
Veal Stock - 25cl – 8.45oz
Parsley (bunch) - 1/4
Olive Oil - 10cl – 3.38oz
Butter - 50g – 1.76oz
Salt, Pepper

Peel and slice the onions thinly.
Heat the butter in a sauté pan.
Add the sliced onions and cook until lightly golden.
Add the veal stock.
Add the liver slices and let cook until lightly browned.
Arrange in each plate with some sauce and parsley.

This dish could be served with polenta.

Toscane et Émilie-Romagne

En Toscane, les herbes aromatiques et l'huile d'olive confèrent à la cuisine ses lettres de noblesse.
À Florence, on déguste le *Bistecca alla fiorentina*, une brochette de viande assaisonnée d'huile d'olive et de romarin.
Les pains rivalisent d'originalité. Du *Pane con i grassetti* garni de rillons de porc, au *Pan di ramerino*, le pain au romarin, en passant par le *Schiacciatina*, petit pain de table et le *Filone*, miche de pain sans sel, le pain devient source de vie.
Et la légende court que la fameuse glace italienne serait née en Toscane!
Les spécialités de l'Émilie-Romagne conjuguent les richesses des deux régions.
La fertile Émilie fournit la viande savoureuse, les pâtes et les produits laitiers.
La Romagne apporte les succulents poissons de la côte et le tendre gibier.
Parme revendique son jambon, Bologne sa mortadelle et ses lasagnes, Reggio Emilia son bœuf en daube et Modène le *Zampone*, le fameux pied de cochon farci.
Côté vins, le cœur balance suivant l'heure entre un verre de *Lambrusco* ou de *Chianti*.

Tuscany and Emilia-Romagna

Tuscan cuisine is famous for the use of olive oil and aromatic herbs.
In Florence, you can have a Bistecca alla Fiorentina (a large porterhouse steak).
You can also find several sorts of bread like the Pane con i Grassetti (with chopped pork cooked in fat), the Pan di Ramerino (with Rosemary), the Schiacciatina (small pieces of bread used for the day to day meals) and the Filone (salt free bread): bread becomes therefore a real source of life!
Finally, some people say that the famous Italian ice cream would be from Tuscany as well!
The specialities of Emilia-Romagna are a mix of the two regions.
The very fertile Emilia brings the tasty meat, the pasta and the dairy products like the famous Parmigiano Reggiano (Parmesan cheese).
The Romagna, however, brings its delicious fish from the coast as well as its tender game.
Each town is proud of at least one specific product. Parma is proud of its Prosciutto, Bologna of its Mortadella (cooked pork meat sliced like ham) and its Lasagne, Reggio-Emilia of its beef stew and Modena of its Zampone the famous stuffed pig's foot.
Concerning the Wines, you can have a glass of Chianti as well as a glass of the sparkling red Lambrusco.

Pappardelle au jambon de Parme et cèpes

Pappardelle with Parma ham and Porcini mushroom.

POUR 4 PERSONNES

YIELD: 4 SERVINGS

INGRÉDIENTS

Pappardelle - 480 g
Jambon de Parme - 200 g
Cèpes - 400 g
Crème fleurette - 25 cl
Bouillon de volaille - 10 cl
Huile d'olive - 5 cl
Sel, poivre
Noix de muscade

INGREDIENTS

Pappardelle - 480 g – 17 oz
Parma raw ham - 200 g – 7 oz
Porcini mushrooms - 400 g – 14.1 oz
Whipping Cream - 25 cl – 8.45 oz
Poultry Stock - 10 cl – 3.38 oz
Olive oil - 5 cl – 1.7 oz
Salt, pepper
Nutmeg

Épluchez et coupez les cèpes. Émincez-les.
Faites chauffer l'huile, ajoutez les lamelles de champignons.
Coupez le jambon de Parme en allumettes. Égouttez les cèpes.
Faites réduire le bouillon de volaille avec la crème fleurette.
Ajoutez-y les cèpes et le jambon de Parme.
Assaisonnez légèrement puis gardez la sauce au chaud.
Faites bouillir une grosse quantité d'eau salée et plongez-y la pappardelle. Laissez cuire 3 minutes.
Égouttez les pâtes, puis mélangez avec la sauce.
Servez aussitôt.

Peel and slice the Porcini.
Cook in olive oil.
Slice the Parma ham.
Cook the cream with the poultry stock then add porcini and ham.
Keep warm.
Boil a large quantity of salted water (about 34oz for 3.35oz of pasta). Cook the pasta for 3 minutes and dress with the sauce.
Serve immediately.

Lasagne de volaille et légumes aux arômes de truffe

Lasagne with Poultry, Vegetables and Truffle aroma.

POUR 4 PERSONNES

INGRÉDIENTS

Blanc de poulet - 400 g
Oignon - 1/2
Carottes - 2
Poireau - 1
Céleri branche - 1 (tige)
Bouillon de volaille - 10 cl
Crème fleurette - 25 cl
Lasagne (feuilles) - 16
Parmesan râpé - 80 g
Beurre de truffe - 50 g
Sel, poivre

Épluchez, lavez et taillez en petits dés les légumes. Coupez les blancs de poulet en dés de la même taille que les légumes. Faites cuire les blancs avec les légumes taillés dans un bouillon de volaille pendant environ 10 minutes. Égouttez le tout. Filtrez le bouillon de légumes. Faites réduire de moitié, ajoutez la crème, laissez épaissir sur feu doux, et ajoutez le beurre de truffe .Mélangez tous les ingrédients dans la sauce, laissez refroidir. Vérifiez l'assaisonnement. Faites cuire les feuilles de lasagne "al dente" dans une grande quantité d'eau bouillante salée. Égouttez. Dans 4 plats allant au four, posez une feuille de lasagne, une couche de sauce, une feuille de lasagne, une couche de sauce, une feuille de lasagne, une couche de sauce, une feuille de lasagne, une dernière couche de sauce.
Parsemez de parmesan râpé. Faites gratiner au four. Servez aussitôt.

On peut verser un léger filet d'huile de truffe à la dernière minute.

YIELD: 4 SERVINGS

INGREDIENTS

Chicken breast - 400g – 14oz
Onion - 1/2
Carrots - 2
Leeks - 1
Celery - 1 (stove)
Poultry Stock - 10 cl – 3.38 oz
Whipping Cream - 25 cl – 8.45 oz
Lasagne (leaves) - 16
Grated Parmesan Cheese - 80 g – 2.82 oz
Truffle butter - 50 g – 1.76 oz
Salt, pepper

Peel, wash and dice the vegetables and the chicken breast.
Cook in the poultry stock for 10 minutes.
Drain, filter the poultry stock and simmer to reduce it.
Add the cream, simmer to reduce and add the truffle butter.
Mix all the ingredients in the sauce and leave to cool.
Check seasoning.
Cook the lasagne "al dente" (tender but still firm).
Drain.
Arrange a layer of lasagne in 4 pans.
Then add a layer of sauce.
Add a second layer of pasta and so on.
Sprinkle with parmesan cheese and bake till cheese is bubbly.
Allow to set for 5 to 10 minutes before serving.

You can also add a drop of truffle oil before serving.

Pavé de thon à la mode de Livourne

Livornese Tuna Steaks

POUR 4 PERSONNES

INGRÉDIENTS

Filet de thon - 600 g en 4 pavés
Huile d'olive - 5 cl
Oignon - 1
Ail (gousse) - 1
Persil plat (botte) - 1/4
Vin rouge de Toscane - 20 cl
Sel, poivre

Épluchez l'oignon, lavez le persil, effeuillez-le et hachez-le avec l'oignon. Faites "suer" le hachis à l'huile d'olive. Ajoutez l'ail épluché et dégermé. Mouillez avec le vin rouge. Laissez réduire jusqu'à obtention d'une sauce sirupeuse. Faites cuire à la poêle les 4 pavés de thon assaisonnés. Cuisez-les juste rosés. Posez un pavé sur chaque assiette. Nappez avec la sauce rectifiée.

YIELD: 4 SERVINGS

INGREDIENTS

Tuna Steak - 4 steaks, 600g – 5.3 oz each
Olive Oil - 5 cl – 1.7 oz
Onion - 1
Garlic (glove) - 1
Parsley (bunch) - 1/4
Tuscan Red Wine - 20 cl – 6.76 oz
Salt, pepper

Peel the onion, wash and chop the parsley.
Fry in olive oil.
Peel the garlic and add it.
Add the red wine.
Cook on slow until obtaining a syrupy sauce.
Salt, pepper and fry the steaks rare.
Put a steak in each plate and dress with the sauce.

Latium Abruzze

Dans Rome la ville éternelle, les Antipasti, petits hors-d'œuvre froids, traduisent l'hospitalité coutumière cultivée depuis l'Antiquité.
Les tavernes d'autrefois servaient une cuisine à base de viande et d'abats.
Les auberges d'aujourd'hui perpétuent la tradition.
À l'honneur, les *Spaghetti alla carbonara* ou *alla puttanesca* et les *Rigatoni alla paiata*.
Dans les bars et les cafés, on déguste le *Cappuccino*.
Les habitants des Abruzzes, habitués aux grands froids, affectionnent les mets épicés grâce au *Diavolino*, le petit diable, piment broyé pour relever une cuisine régionale résolument piquante à base de pâtes, de légumes et de viande.

Lazio and Abruzz

In Rome, the Eternal Town the Antipasti (Italian appetizers) embody the traditional Roman hospitality.
The today's inns perpetuate the tradition of the taverns of the past, serving a meat and giblets-based cuisine.
Concerning the pasta dishes, some of the most famous are the Spaghetti alla Carbonara (with eggs and Italian bacon), Spaghetti alla Puttanesca (sauce with anchovies, olives and capers), and the Rigatoni alla Paiata (with calf sauce).
Finally, you can have the famous Cappuccino in every bar or café.
The inhabitants of Abruzzo are accustomes to low temperatures.
That's why they have been flavouring their dishes with red chilli pepper called Diavolino (little devil).
The regional cuisine, pasta, vegetables and meat-based, is therefore quite spicy.

Bruschetta aux tomates fraîches

Bruschetta with Fresh Tomatoes

POUR 4 PERSONNES

INGRÉDIENTS

Pain de campagne (tranches) - 4
Tomates - 2
Ail (gousses) - 2
Câpres - une vingtaine
Huile d'olive - 5 cl
Basilic (botte) - 1/4
Sel, poivre

Faites griller le pain de campagne.
Frottez chaque tranche avec l'ail sur un seul côté.
Lavez les tomates et coupez-les en fines rondelles. Disposez-les sur chaque tranche de pain. Arrosez d'un filet d'huile d'olive.
Salez et poivrez.
Ajoutez les câpres hachés et décorez de basilic frais.

YIELD: 4 SERVINGS

INGREDIENTS

Farmhouse bread (slices) - 4
Fresh tomatoes - 2
Garlic (gloves) - 2
Capers - 20
Olive oil - 5 cl – 1.7 oz
Basil (bunch) - 1/4
Salt, pepper

Toast the bread.
Rub the garlic on one side of each bread slice.
Wash tomatoes and cut into slices.
Put slices of tomatoes on the bread and dress with olive oil, salt and pepper.
Add capers and decorate with basil leaves.

Fusilli trois couleurs sauce au fromage

Three colours Fusilli with a cheese sauce

POUR 4 PERSONNES

INGRÉDIENTS

Fusilli trois couleurs - 480 g
Parmesan râpé - 100 g
Gorgonzola - 100 g
Mozzarella - 100 g
Crème fleurette - 15 cl
Noix de muscade
Cerneaux de noix
Sel, poivre

Faites bouillir la crème avec le gorgonzola émietté, la mozzarella, le parmesan râpé, la noix de muscade râpée, le sel et le poivre. Laissez cuire doucement jusqu'à obtention d'une sauce onctueuse. Plongez les fusilli dans une grande quantité d'eau bouillante salée. Faites-les cuire "al dente". Égouttez et mélangez les fusilli avec la sauce au fromage. Servez aussitôt.

Les pâtes peuvent être accompagnées de cerneaux de noix.

YIELD: 4 SERVINGS

INGREDIENTS

Three colours Fusilli - 480 g – 17 oz
Grated Parmesan Cheese - 100 g – 3.53 oz
Gorgonzola Cheese - 100 g – 3.53 oz
Mozzarella cheese - 100 g– 3.53 oz
Whipping Cream - 15 cl – 5.07 oz
Nutmeg
Half-shelled walnuts
Salt, pepper

In a medium saucepan combine whipping cream with gorgonzola, mozzarella, parmesan nutmeg, salt and pepper. Reduce heat to low and continue to stir until all cheese is melted. Cook the Fusilli "al dente" in boiling water (40 oz of water for 3.5 oz of pasta) strain and mix immediately with the sauce. Serve immediately.

This dish can be served with some half-shelled walnuts.

Saltimbocca à la Romaine

Roman Saltimbocca

POUR 4 PERSONNES

YIELD: 4 SERVINGS

INGRÉDIENTS

Escalopes de veau - 600 g, 3 petites par portion
Jambon cru - 100 g
Fond de veau - 20 cl
Beurre - 20 g
Sauge (feuilles) - 12
Sel, poivre

INGREDIENTS

Veal escalope - 600 g, 3 small per person – 21.2 oz
Raw ham - 100 g – 3.53 oz
Veal stock - 20 cl – 6.76 oz
Butter - 20 g- 0.7 oz
Sage (leaves) - 12
Salt, pepper

Sur chaque escalope, posez une petite tranche de jambon cru et une petite feuille de sauge. Faites-les tenir avec un cure-dent. Faites chauffer le beurre dans une poêle. Faites cuire les saltimbocca légèrement. Salez et poivrez. Déposez les petites escalopes sur chaque assiette, déglacez la poêle avec le fond de veau. Laissez réduire et montez au beurre. Rectifiez l'assaisonnement et versez la sauce sur les saltimbocca. Servez aussitôt.

Place ham slice and a sage leaf on each piece veal. Roll up and secure with wooden picks. Heat butter, cook slightly veal rolls. Salt and pepper. Put the escalopes in each plate. Deglaze the stove with the veal stock. Simmer the stock to reduce and add butter. Dress the saltimbocca with the sauce. Serve immediately.

Campanie

Naples et ses habitants… Ville bruyante, vivante et colorée où la cuisine brille par sa simplicité.
Les Campaniens apprécient les produits de la terre. Et les tomates, poivrons, oignons, artichauts, pommes de terre, citrons ou oranges s'épanouissent sous un soleil généreux et sur un sol fertile.
Le bétail donne la bonne viande indispensable au Ragout et fournit le lait de bufflonne qui aromatise si particulièrement la Mozzarella de Campanie.
La *Pizza margherita* et la *Pasta napolitaine* restent en vedette.

Campany

Naples and its inhabitants… This is a typical noisy and lively southern town where the cuisine is simple but very tasty. Thanks to the nice southern weather and the fruitful soil, the Campanians can profit of succulent vegetables (tomatoes, sweet peppers, onions, artichokes, potatoes) and fruits (especially oranges and lemons) that you find in traditional dishes.
The cattle brings the meat for the wonderful Ragu (sauce of overcooked meat) and the Buffalo milk that gives this special taste to the Buffalo Mozzarella fresh cheese.
Of course in Campany you can have the traditional Pizza Margherita (tomato, mozzarella and fresh basil) and the Pasta alla Napoletana.

Rigatoni au pesto de tomates séchées

Rigatoni with Dried Tomatoes Pesto

POUR 4 PERSONNES

INGRÉDIENTS
Rigatoni frais - 480 g
Tomates séchées - 100 g
Huile d'olive - 10 cl
Ail (gousses) - 2
Parmesan râpé - 100 g
Bouillon de poule - 10 cl
Pignons de pin - 50 g
Sel, poivre

Faites tremper les tomates séchées durant toute une nuit.
Épluchez et dégermez l'ail. Égouttez les tomates.
Mixez l'ail, les tomates, le parmesan râpé et les pignons.
Montez l'ensemble à l'huile d'olive.
Vérifiez l'assaisonnement.
Faites cuire les rigatoni dans une grande quantité d'eau bouillante salée durant 3 minutes.
Égouttez les pâtes et mélangez-les avec le pesto.
Nappez de bouillon de volaille.
Servez aussitôt.

Ce plat peut être accompagné de copeaux de parmesan.

YIELD: 4 SERVINGS

INGREDIENTS
Fresh Rigatoni - 480 g –17 oz
Dried Tomatoes - 100 g – 3.53 oz
Olive Oil - 10 cl – 3.38 oz
Garlic (gloves) - 2
Grated Parmesan Cheese - 100 g- 3.53 oz
Chicken Stock - 10 cl – 3.38 oz
Pine nuts - 50 g – 1.76 oz
Salt, Pepper

Soak dried tomatoes during a whole night.
Peel and degerm garlic.
Strain the tomatoes. Blend garlic, tomatoes, parmesan, olive oil and Pine Nuts.
Beat with some olive oil. Check the seasoning.
Cook the Rigatoni (40oz of water for 3.5oz of pasta) in salted boiling water for 3 minutes.
Strain and mix with the pesto.
Add the chicken stock.
Serve immediately.

This dish could be served with slices of parmesan cheese.

Spaghetti aux palourdes

Spaghetti with clams

POUR 4 PERSONNES

INGRÉDIENTS

Spaghetti - 480 g
Palourdes - 1,2 kg
Vin blanc - 10 cl
Huile d'olive - 5 cl
Fumet de poisson - 20 cl
Persil plat (botte) - 1/4
Échalote ciselée - 1
Tomate (grosse) - 1
Ail (gousse) - 1
Piment "bec d'oiseau" - 1
Sel, poivre

Laissez les palourdes dégorger dans de l'eau froide salée pendant 1 heure. Mettez le vin blanc à bouillir avec l'échalote ciselée, faites réduire de moitié, ajoutez le fumet de poisson, la tomate taillée en dés, le persil haché, l'ail et le piment. Ajoutez les palourdes égouttées.
La cuisson est terminée quand les coquillages sont ouverts. Attention, ne prolongez pas trop la cuisson sinon les chairs deviennent caoutchouteuses. Vérifiez l'assaisonnement.
Faites cuire les spaghetti dans une grande quantité d'eau bouillante salée. Lorsqu'ils sont "al dente", égouttez-les. Mêlez avec la sauce et les coquillages. Arrosez d'un filet d'huile d'olive et servez aussitôt.

YIELD: 4 SERVINGS

INGREDIENTS

Spaghetti - 480 g – 17 oz
Clams - 1,2 kg – 43 oz
White wine - 10 cl – 3.38 oz
Olive Oil - 5 cl – 1.7 oz
Fish fumet (stock) - 20 cl – 6.76 oz
Parsley (bunch) - 1/4
Thinly Sliced Shallot - 1
Tomato (large one) - 1
Garlic (glove) - 1
"Bec d'oiseau" chilli pepper - 1
Salt, pepper

Leave the clams in salted cold water for 1 hour.
Cook the shallot with wine and let reduce by half.
Then add the fish fumet, diced tomato, minced parsley, garlic and chilli pepper.
Add the clams and cook until they have opened (don't cook more, they would become rubbery).
Cook spaghetti until "al dente" (40 oz of water for 3.5 oz of pasta). Check seasoning.
Drain spaghetti, add the sauce.
Serve reserving a few clams on the top and finish with a trickle of olive oil.

Minis babas au limoncello

Mini Limoncello Baba

POUR 4 PERSONNES

INGRÉDIENTS

Minis babas au limoncello - 20
Crème fleurette - 20 cl
Mascarpone - 100 g
Vanille (gousse) - 1
Sucre glace - 50 g
Menthe fraîche (brins) - 4

Mélangez la crème fleurette avec le mascarpone.
Ouvrez la gousse de vanille en deux, grattez les graines et ajoutez au mélange.
À l'aide d'un fouet, montez le mélange jusqu'à obtention d'une mousse légère. Ajoutez le sucre.
Disposez cinq minis babas en couronne sur chaque assiette.
Déposez au centre une quenelle de crème fouettée, arrosez d'un peu de sirop. Décorez avec 1/4 de gousse de vanille grattée et quelques feuilles de menthe.

YIELD: 4 SERVINGS

INGREDIENTS

Mini Limoncello Baba - 20
Whipping Cream - 20 cl – 6.76 oz
Mascarpone - 100 g – 3.53 oz
Vanilla (pod) - 1
Icing Sugar - 50 g – 1.76 oz
Fresh mint (sprigs) - 4

Mix the Whipping Cream with mascarpone.
Cut the vanilla pod in half, grate the seeds and add to the cream.
Beat the cream with a whisk in order to obtain a soft mousse.
Add sugar.
Arrange 5 Baba on each plate.
Put some cream in the middle of the plates, add some syrup.
Decorate with a grated quarter of a vanilla pod and a few mintleaves.

Pouille et Calabre

Au bord de l'Adriatique s'étendent les Pouilles, hautes en couleurs et joie de vivre.
La cuisine y est simple et campagnarde.
Le Nord se régale d'ail, le Sud préfère l'oignon.
Grenier à blé de l'Italie, c'est ici que mûrit le blé dur indispensable à la *Pasta secca* du pays.
Dans les plaines apuliennes, on cultive tomates, aubergines, courgettes, brocolis, choux, pois chiches, lentilles et pommes de terre.
En vedette, l'huile d'olive fruitée, extraite d'olives gorgées de soleil.
Elle pare de son " or vert " les plats de fêtes où les rôtis d'agneau rivalisent avec les daurades fraîchement pêchées.
La cuisine calabraise reflète la tradition culinaire d'habitants aux goûts simples.
La star de la région ? L'aubergine. Présentée sous diverses formes et variétés, elle a pour noms *Asmara, Nubia, Violetta lunga di napoli, Mostruosa di New York.*
Pour l'apprécier, il faut goûter au *Melanze alla parmigiana* à consommer sans modération !

Puglia and Calabria

At the edge of the Adriatic Sea, in the south east of Italy, you find Apulia, its colours and its joy in life.
Cuisine is quite simple and traditional.
In the north they prefer garlic while they prefer onion in the south.
Apulia is considered the corn loft of Italy and the hard wheat used for the Pasta Secca comes from this place. However, you can also find tomatoes, aubergines, zucchini, broccoli, cabbages, chickpeas, lenses and potatoes in the apulian valleys.
Thanks to the sunny and warm weather, the fruity olive oil is one of the best of Italy.
This "green gold" is used for every meal such as to prepare roasted lamb as well as the freshly fished sea-bream.
There is something holy and ancient in the Calabrian way of eating. However, Calabrian cuisine is neither a refined one nor one which is rich of ingredients.
The aubergine is the queen of vegetables. In Calabria, you can find an infinite number of sorts of aubergines (Asmara, Nubia, Violetta lunga di Napoli, Mostruosa di New York) and several ways of cooking aubergines. Anyway, the best dish is certainly the Melanzane alla Parmigiana sort of Lasagna made of sliced and fried aubergines, tomato sauce, mozzarella and parmesan cheese and fresh basil.

Aubergines farcies aux tomates fraîches, mozzarella et basilic

Stuffed aubergines with fresh tomatoes, mozzarella and basil

POUR 4 PERSONNES

INGRÉDIENTS

Aubergines (grosses) - 4
Oignon - 1
Tomates (grosses) - 2
Basilic (botte) - 1/4
Huile d'olive - 20 cl
Mozzarella de buffalla - 200 g
Coulis de tomate - 20 cl
Sel, poivre

Pelez l'oignon et taillez-le en mirepoix.
Émondez les tomates, épépinez-les et taillez-les en dés.
Lavez les aubergines, épluchez-en deux et coupez-les par le milieu dans la longueur. Dévidez à l'aide d'un couteau d'office.
Taillez la chair des aubergines en dés.
Faites chauffer une partie de l'huile d'olive afin d'y cuire les chairs avec l'oignon. Laissez refroidir en égouttant toute une nuit.
Faites cuire les coques d'aubergine au four à 180°C pendant 15 minutes, salez, poivrez et arrosez d'un filet d'huile d'olive.
Laissez refroidir.
Mélangez les dés de tomates avec la chair d'aubergine, le basilic ciselé ainsi que la mozzarella taillée en dés.
Farcissez les coques à l'aide d'une cuillère.
Servez avec le coulis de tomate en fond d'assiette.

YIELD: 4 SERVINGS

INGREDIENTS

Aubergines (large ones) - 4
Onion - 1
Tomato (large ones) - 2
Basil (bunch) - 1/4
Olive Oil - 20 cl – 6.76 oz
Buffalo Mozzarella cheese - 200 g – 7.06 oz
Tomato coulis - 20 cl – 6.76 oz
Salt, pepper

Peel the onion and slice Mirepoix-style.
Trim, deseed and dice tomatoes.
Wash aubergines, half them lengthwise. To form hollows, remove some of the flesh from the centre and reserve.
Dice reserved aubergine.
Saute onion and aubergine flesh in heated olive oil.
Leave to cool straining during the whole night.
Bake the aubergine shells at 356°F. for 15 minutes, salt, pepper and add a trickle of olive oil.
Mix tomato dices with aubergine flesh, sliced basil and diced mozzarella.
Spoon into the aubergine shells.
Put some tomato coulis in the places and arrange the stuffed aubergines.

Filets de daurade à la vinaigrette de câpres et courgettes

Sea bream fillet capers and zucchini in French dressing

POUR 4 PERSONNES

INGRÉDIENTS

Filets de daurade - 4
Courgettes - 2
Menthe fraîche - 1/4
Huile d'olive - 20 cl
Câpres - 40 g
Fumet de poisson - 20 cl
Sel, poivre

Enlevez les arêtes des filets de daurade, ciselez-leur la peau. Lavez les courgettes, émincez-les finement dans la longueur à l'aide d'une mandoline. Lavez et ciselez finement la menthe. Faites chauffer et laissez réduire de moitié le fumet, fouettez avec un filet d'huile d'olive et ajoutez les câpres. Réservez au chaud. Dans une poêle, faites chauffer l'huile d'olive. Faites revenir légèrement les courgettes, assaisonnez et ajoutez la menthe. Faites saisir les filets de daurade en commençant côté peau dans la poêle, assaisonnez.
Terminez la cuisson au four à 210°C durant 4 minutes.
Au centre de chaque assiette, disposez les courgettes.
Versez la vinaigrette tiède et posez chaque filet de daurade.
Servez chaud.

YIELD: 4 SERVINGS

INGREDIENTS

Sea bream fillet - 4
Zucchini - 2
Fresh mint - 1/4
Olive oil - 20 cl – 6.76 oz
Capers - 40 g – 1.4 oz
Fish stock - 20 cl- 6.76 oz
Salt, pepper

Remove the edges from the Sea bream fillet, engrave the skin.
Wash zucchini and mince them lengthwise.
Wash and thinly slice minth.
Heat and half reduce the fumet, add a trickle of olive oil and beat, add the capers. Keep warm.
Heat olive oil in a pan, fry zucchini, salt, pepper and add mint.
Fry the Sea bream fillet starting from the skin side, salt and pepper.
Bake at 410°F. for 4 minutes.
Arrange some zucchini in the middle of each plate.
Add some sauce and put the Sea bream fillets on the zucchini.
Serve warm.

Figues fourrées rôties au miel

Roasted stuffed figs with honey

POUR 4 PERSONNES

INGRÉDIENTS

Figues violettes - 16
Miel mille fleurs (cuillères) - 6
Poudre d'amande - 100 g
Œuf - 1
Beurre - 50 g
Sucre - 50 g
Orange confite (écorces) - 2

Lavez les figues. Entaillez-les en quatre.
Mélangez l'œuf avec le sucre, faites mousser,
ajoutez la poudre d'amande puis le beurre en pommade.
Pour finir, ajoutez les écorces d'orange taillées en petits dés.
Fourrez les figues avec la crème d'amande.
Disposez dans un plat allant au four, arrosez de miel et faites
rôtir à 230°C durant 12 minutes en arrosant fréquemment.
Servez tiède avec le miel de cuisson.

Ce plat peut être accompagné d'une glace au miel et pignons de pin.

YIELD: 4 SERVINGS

INGREDIENTS

Violet figs - 16
Honey (spoonfuls) - 6
Almond powder - 100 g- 3.53 oz
Egg - 1
Butter - 50 g – 1.76 oz
Sugar - 50 g – 1.76 oz
Candied orange (peels) - 2

Wash the figs. Cut them in 4 parts by starting at the rounded end
and cutting toward the stem. Stop cutting just before
the beginning of the stem.
Mix the egg with sugar, beat, add almond powder and butter.
Finish adding the diced candied orange peels.
Stuff figs with the almond cream. Arrange them in an oven dish, sprinkle
with honey and bake at 446°F for 12 minutes, sprinkling quite often.
Serve tepid with some honey sauce.

This dish may be accompanied by some vanille-ice-cream and some pine nuts.

Sicile

Les Grecs, les Romains, les Byzantins, les Arabes, les Espagnols, les Normands,
les Italiens du continent contribuèrent à la gastronomie sicilienne.
Avec trois régions côtières, le poisson est à l'honneur, encore et toujours :
le thon, le mérou, la daurade marbrée, l'espadon, le poulpe, les fruits de mer.
On les savoure grillés, braisés, cuits au four ou traditionnellement en *Pasta e pesce*.
Et le Carpaccio de thon, cru avec une marinade au citron, est un véritable régal !
Raisins, abricots, agrumes, melons sucrés, noix de muscade, clous de girofle…
Les parfums orientaux apportent luxuriance et mystère aux plats
les plus authentiques.
Voyage au plus profond des cultures et des richesses du passé,
la Sicile offre aux visiteurs une cuisine pittoresque, colorée, sucrée, salée,
résultante d'ethnies multiples.

Sicily

*The Sicilian gastronomy can be considered as a mix of Greek, Roman,
Byzantine, Arabic, Spanish, Norman and continental Italian culinary influences:
a travel in a coloured, sweet, sour and picturesque cuisine.
As a coastal region, the dishes based on fresh fish are abundant:
Tuna, Sea-Bream, Grouper, Sword Fish, Octopus, Sea Food…
They are grilled, braised, cooked in the oven,
or more traditionally cooked with pasta.
Of course the Tuna Carpaccio (sliced and marinated raw tuna)
is still one of the best appetizers.
The oriental flavours bring luxury and mystery to the most genuine dishes:
grapes, citrus fruits, sweet melons, nutmeg, cloves…
The Sicilian gastrnomy can be considered as a mix of Greek, Roman, Byzantine,
Arabic, Spanish, Norman and continental Italian culinary influences:
a travel in a coloured, sweet sour and picturesque cuisine.*

Carpaccio de thon en aigre-doux aux raisins blonds et pignons de pin

Sweet and sour tuna carpaccio with white grape and pine nuts

POUR 4 PERSONNES

INGRÉDIENTS
Filet de thon - 400 g
Raisins secs - 80 g
Pignons de pin - 80 g
Vin blanc sec - 20 cl
Vinaigre balsamique - 5 cl
Sel, poivre

Mettez le vin blanc à bouillir avec les raisins secs et les pignons de pin.
Laissez cuire doucement jusqu'à réduction de moitié, ajoutez le vinaigre balsamique et laissez cuire à nouveau jusqu'à obtention d'une sauce sirupeuse. Laissez refroidir.
Tranchez finement le thon que vous aurez auparavant laissé durcir au congélateur.
Dressez en cercle sur chaque assiette. Salez, poivrez.
Nappez de sauce et servez avec une petite salade d'herbes.

YIELD: 4 SERVINGS

INGREDIENTS
Tuna fillet - 400 g – 14.12 oz
Raisins - 80 g – 2.82 oz
Pine nuts - 80 g – 2.82 oz
Dry white wine - 20 cl – 6.76 oz
Balsamic vinegar - 5 cl – 1.69 oz
Salt, pepper

Boil white wine with raisins and pine nuts.
Cook on slow until half reduced.
Add balsamic vinegar and cook again until obtaining a thick sauce.
Leave to cool.
Freeze the tuna.
Slice the tuna as thin as possible.
Arrange the tuna slices on each plate, salt, and pepper.
Top with some sauce and serve with a green salad.

Tagliatelle noire aux gambas et tomates cerises

Black Tagliatelle with Gamabas (Mediterrean Prawns) and Cherry Tomatoes

POUR 4 PERSONNES

INGRÉDIENTS

Tagliatelle noire - 480 g
Tomates cerises - 20
Gambas - 20
Ail (gousses) - 2
Carotte - 1/2
Oignon - 1/2
Poireau - 1/2
Bouquet garni - 1
Fumet de poisson - 20 cl
Cognac - 4 cl
Persil plat (botte) - 1/4
Sauce tomate - 10 cl
Huile d'olive - 5 cl
Piment "bec d'oiseau" - 1
Sel, poivre

Décortiquez les gambas. Confectionnez un fumet avec les têtes et la garniture aromatique. Faites chauffer l'huile d'olive dans une poêle. Faites saisir les queues des gambas, ajoutez l'ail haché, 10 cl de fumet de gambas et laissez réduire.
Ajoutez 10 cl de sauce tomate et les tomates cerises.
Laissez cuire doucement. Vérifiez l'assaisonnement.
Écrasez le piment, ajoutez le persil et réservez au chaud.
Faites cuire les tagliatelle "al dente" dans une grande quantité d'eau bouillante salée. Égouttez-les.
Mélangez avec la sauce et les gambas.
Servez aussitôt.

YIELD: 4 SERVINGS

INGREDIENTS

Black Tagliatelle - 480 g – 17 oz
Cherry Tomatoes - 20
Mediterrean Prawns - 20
Garlic (gloves) - 2
Carrot - 1/2
Onion - 1/2
Leek - 1/2
Bouquet garni (bunch of mixed herbs) - 1
Fish stock - 20 cl – 6.76 oz
Cognac - 4 cl – 1.35 oz
Parsley (bunch) - 1/4
Tomato sauce - 10 cl – 3.38 oz
Olive oil - 5 cl – 1.69 oz
"Bec d'oiseau" chilli pepper - 1
Salt, pepper

Shell gambas. Make a fumet with gambas' heads and the bouquet garni.
Heat olive oil, fry the gambas, add chopped garlic, 3.38 oz of fumet and reduce.
Add 3.38 oz of tomato sauce and the cherry tomatoes.
Cook on slow.
Chop chilli pepper, add parsley and keep warm.
Cook the Tagliatelle until "al dente" in a large quantity of salted boiling water. Drain.
Mix with the sauce and gambas.
Serve immediately.

Ravioli léger à l'orange

Light Ravioli with Orange

POUR 8 PERSONNES

INGRÉDIENTS

Pour les crêpes
Lait - 25 cl
Farine - 125 g
Œufs - 2
Beurre - 25 g
Sucre - 25 g
Sel (pincée) - 1

Pour la mousse de fruit à l'orange
Jus d'orange - 25 cl
Gélatine (feuille) - 1
Œuf - 1
Sucre - 100 g
Fécule - 25 g
Blanc d'œuf - 125 g

Sauce à l'orange
Jus d'orange - 25 cl
Sucre - 50 g

Faites cuire les crêpes. Laissez refroidir. Découpez à l'emporte-pièce quatre petites crêpes dans chaque grande crêpe.

Pour la sauce :
Faites bouillir le jus d'orange avec 50 g de sucre. Laissez cuire jusqu'à épaississement.

Pour la mousse :
Faites bouillir le jus d'orange. À chaud, ajoutez la feuille de gélatine. Mélangez l'œuf, 25 g de sucre et la fécule. Faites blanchir. Versez le jus d'orange bouillant sur le mélange. La crème s'épaissit à la manière d'une crème pâtissière. Laissez refroidir. Montez les blancs en neige très fermes avec 75 g de sucre. Incorporez doucement les blancs à la crème à l'orange jusqu'à obtention d'une crème légère.

Déposez un peu de mousse sur la moitié de chaque petite crêpe. Repliez-les. Posez quatre pièces par assiette et faites cuire au four à 220°C jusqu'à coloration. Versez la sauce en fond d'assiette. Servez chaud.

YIELD: 8 SERVINGS

INGREDIENTS

For the crêpes (pancakes):
Milk - 25 cl – 8.45 oz
Flour - 125 g – 4.4 oz
Eggs - 2
Butter - 25 g – 0.85 oz
Sugar - 25 g – 0.85 oz
Salt (pinche) - 1

For the orange mousse :
Orange juice - 25 cl – 8.45 oz
Gelatine (leave) - 1
Egg - 1
Sugar - 100 g – 3.53 oz
Starch - 100 g- 3.53 oz
Egg white - 125 g – 4.4 oz

Orange Sauce
Orange Juice - 25 cl – 8.45 oz
Sugar - 50 g – 1.76 oz

Cook the crêpes, leave to cool.
Cut 4 small crêpes in each large one.

For the sauce:
Boil the orange juice with 1.76 oz of butter. Cook until you obtain a deep cream.

For the mousse:
Boil the orange juice, add the gelatine leave.
Mix egg, 0.85 oz of sugar and starch. Blanch.
Tip the boiling orange juice on. Leave to cool.
Beat up egg whites with 1.76 oz of sugar until they are stiff.
Mix egg whites with the cream in order to obtain a soft cream.

Arrange some mousse on the half of each crêpe.
Close the crêpe, one half on the other.
Put four crêpes in each plate and bake at 428°F until brown.
Add some sauce. Serve warm.

Sardaigne

Mer d'émeraude, montagnes majestueuses, clairs torrents et plaines fertiles, la Sardaigne se présente comme un petit paradis terrestre où pêcheurs et bergers rythment les saisons.
"De la mer vient le mal"… Les Sardes l'ont pensé si fort durant si longtemps que poissons et fruits de mer ont tardé avant de trouver une place dans les menus.
On fête depuis toujours la cuisine des bergers et des paysans.
Le cochon de lait grillé à la broche s'enveloppe d'herbes aromatiques et s'imprègne du goût de bois fumé. Sa chair juteuse et sa couenne croquante remportent tous les suffrages.
Aucun repas digne de ce nom sans son *Porchetto*!
Les potées à base de légumes sauvages et de gros haricots accompagnent les dîners campagnards.
Quant au pain sarde, il se conjugue en *Carta da musica*, galette sèche, ou *Pistoccu*, pain de voyage adopté autrefois par les bergers en transhumance.
On l'apprécie aujourd'hui agrémenté de tomates, d'ail, de basilic, d'origan et de savoureux fromages tels que le *Pecorino sardo*, le *Pepato* ou le *Dolce di macomer*.

Sardinia

This island is a really heaven on heart : emerald sea, majestic mountains, fresh clear torrents, fertile plains…
"Evil comes from the sea"… That's what the Sardinians thought in the past.
Ancient Sardinian cuisine was therefore essentially based on products from the land, while more recent cuisine is more based on fish and sea food.
The traditional Sardinian cuisine is therefore more the cuisine of the shepherds and the farmers.
The favourite and most famous dish is the Porchetto : a spit-roasted suckling-pig.
A fabulous mix of crunchy flesh and rind, aromatic herbs and aroma of wood fire.
The dinners are often based on hotpots of wild vegetables and beans.
Concerning Sardinian bread, it is very varied as in all the Italian regions : you can find the Carta da Musica (dry and thin) or the Pistoccu which was used in the past by the shepherds engaged in transhumance.
It is nowadays appreciated accompanied by garlic, basil, oregano and by tasty cheeses like the "Pecorino Sardo" cheese, the "Petato" cheese or the "Dolce di Maconer" cheese.

Fregula aux fruits de mer

POUR 4 PERSONNES

INGRÉDIENTS

Fregula - 400 g
Crevettes (grosses) - 8
Palourdes - 100 g
Poulpe - 100 g
Seiche - 100 g
Moules - 100 g
Vin blanc - 10 cl
Noix de pétoncle - 100 g
Fumet de poisson - 10 cl
Échalote - 50 g
Persil plat (botte) - 1/4
Ail (gousse) - 1

Faites dégorger les palourdes dans l'eau salée. Épluchez les moules et rincez. Nettoyez le poulpe. Faites-le pocher 1 heure 30 minutes. Émincez la seiche et faites-la cuire à la poêle assez rapidement. Assaisonnez. Épluchez les noix de pétoncle, mettez-les à cuire avec un peu de fumet, de l'échalote et du vin blanc. Assaisonnez le tout. Faites cuire les moules et les palourdes, façon marinière, à feu vif, pour les ouvrir. Décortiquez les crevettes, enlevez le boyau noir dans chaque queue. Filtrez les cuissons des moules, des pétoncles et des palourdes. Récupérez 50 cl de cuisson, portez à ébullition. Plongez les fregula et laissez cuire pendant 20 minutes jusqu'à absorption totale. En fin de cuisson, ajoutez les queues de crevettes, laissez cuire 2 minutes, puis ajoutez les seiches, le poulpe nettoyé et émincé, les noix de pétoncle, les moules, les palourdes, l'ail écrasé et le persil plat haché. Laissez mijoter 3 minutes, montez au beurre, rectifiez l'assaisonnement. Servez de façon harmonieuse dans quatre assiettes.

Fregula with sea food

YIELD: 4 SERVINGS

INGREDIENTS

Fregula - 400 g – 14.1 oz
Prawns (large) - 8
Clams - 100 g – 3.53 oz
Cuttlefish - 100 g – 3.53 oz
Octopus - 100 g – 3.53 oz
Mussels - 100 g – 3.53 oz
White wine - 10 cl- 3.38 oz
Queen scallop - 100 g – 3.53 oz
Fish stock - 10 cl- 3.38 oz
Shallot - 50 g – 1.76 oz
Parsley (bunch) - 1/4
Garlic (glove) - 1

Leave the clams in salted cold water for 1 hour.
Scrub the mussels; wash the mussels in lukewarm water, changing water 3 to 4 times.
Wash the octopus; poach the octopus for 1 hour and a half.
Slice cuttlefish and fry quickly. Salt, pepper.
Peel queen scallops, cook quickly with the fumet, shallot and white wine.
Salt and pepper.
Cook mussels and clams, brisk heat, until they are open.
Shell prawns. Filter the water of the mussels, clams and Queen Scallop's cooking. Keep and boil 50cl of this water.
Put the fregula and cook until total absorption of water.
Add the prawns, cook for 20 minutes, add cuttlefish, washed and sliced octopus,
Queen Scallops, mussels, clams, mashed garlic, and the sliced parsley.
Cook for 3 minutes, beat with butter, check seasoning.
Serve in four dishes with some of each sea food.

Agneau tendre en fricassée aux olives

Tender Lamb with fricassee of olives

POUR 4 PERSONNES

INGRÉDIENTS

Épaule d'agneau de lait - 800 g
Oignon - 1
Olives vertes (dénoyautées) - 200 g
Vin blanc sec - 10 cl
Fond de veau - 40 cl
Huile d'olive - 5 cl
Persil plat (botte) - 1/4
Piment "bec d'oiseau" - 1
Sel, poivre

Coupez l'agneau en dés. Faites saisir les morceaux dans une cocotte avec l'huile d'olive. Laissez colorer. Réservez les morceaux.
Faites revenir l'oignon coupé en mirepoix, ajoutez les dés d'agneau.
Versez le vin blanc, laissez réduire, mouillez au fond de veau.
Ajoutez les olives et laissez mijoter pendant 3/4 d'heure environ à couvert. Vérifiez l'assaisonnement puis ajoutez le piment écrasé.
Parsemez de persil haché.
Servez chaud.

YIELD: 4 SERVINGS

INGREDIENTS

Shoulder of Suckling Lamb - 800 g – 28 oz
Onion - 1
Green Stoned olives - 200 g – 7 oz
Dry white wine - 10 cl – 3.38 oz
Veal stock - 40 cl – 13.52 oz
Olive oil - 5 cl – 1.69 oz
Parsley (bunch) - 1/4
"Bec d'oiseau" chilli pepper - 1
Salt, pepper

Dice the lamb. Seal with olive oil until brown.
Reserve.
Fry the onions and add the lamb.
Add the white wine, let reduce and then add the veal stock.
Add the olives, cover and simmer for about 45 minutes.
Check seasoning, add the mashed chilli pepper.
Sprinkle with sliced parsley.
Serve warm.

Risotto à la vanille en capuccino aux fruits rouges

Vanilla cappuccino risotto with red berries

POUR 4 PERSONNES

INGRÉDIENTS

Riz aborio - 200 g
Lait - 60 cl
Vanille (gousse) - 1/2
Sucre - 90 g
Fraises - 200 g
Framboises - 125 g
Sucre - 50 g
Crème fleurette - 20 cl
Sucre glace - 25 g
Cacao - 4 g

Mettez le riz à cuire dans le lait froid avec le sucre et la vanille grattée. Faites cuire doucement et en mélangeant souvent durant 30 minutes. Laissez refroidir.
Lavez, épluchez et coupez les fraises en quartiers. Mêlez aux framboises, sucrez et faites cuire à feu doux pendant 10 minutes. Laissez refroidir.
Fouettez la crème fleurette en la sucrant jusqu'à obtention d'une crème chantilly.

Prendre 4 verres à dégustation.
Disposez les fruits rouges dans le fond des verres puis le riz à la vanille.
Recouvrez d'une dernière couche de fruits rouges.
Terminez avec la crème chantilly.
Décorez avec le cacao, la menthe et les morceaux de fraises.

YIELD: 4 SERVINGS

INGREDIENTS

Arborio rice - 200 g – 7 oz
Milk - 60 cl – 20.28 oz
Vanilla (pod) - 1/2
Sugar - 90 g – 3.2 oz
Strawberry - 200 g – 7 oz
Raspberry - 125 g – 4.5 oz
Sugar - 50 g – 1.76 oz
Whipping Cream - 20 cl – 6.76 oz
Icing sugar - 25 g – 0.85 oz
Cocoa powder - 4 g – 0.15 oz

Cook the rice in cold milk with sugar and grated vanilla.
Cook on slow while stirring quite often for 30 minutes.
Leave to cool.
Wash, peel, and cut the strawberries in four pieces.
Mix with the raspberries, add sugar and cook over a slow heat for 10 minutes. Leave to cool.
Beat the Whipping Cream with sugar until obtaining a crème Chantilly.

Put some of the red fruits in 4 glasses.
Put some vanilla rice in the middle.
Add a layer of red fruits.
Top with the crème Chantilly.
Decorate with the cocoa powder, mint and pieces of strawberries.

Les habitués du Findi

Le livre d'or

Le lieu

50
LES
JUGE ET

S. ARMY

Federation Internationale du Tourisme
Findi

Pour Findi,

Miam Miam : c'était vraiment très bon !

Je vais revenir très vite

Merci et bravo pour tout :

- cuisine
- décor
- accueil

Amicalement

Laure de Lattre

Μου άρεσε να φάω με όλη την παρέα στο

ΦΙΝΤΗ

FINDI !

Merci beaucoup pour cet accueil on ne peut plus chaleureux

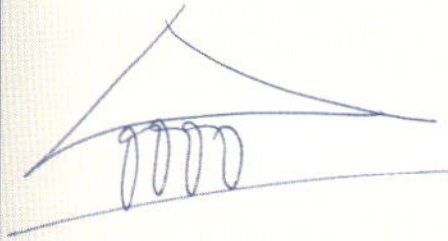

22 janvier 2004

NIKOS ALIAGAS

Amicalement de la part de Marcel, pour un Repas agréable

Le 22/01/01

DESAILLY

For : Constance

Merci for the Yummy Food.

Cameron

Merci pour l'accueil, la gentillesse et tout le reste...

Amicalement

Mathilde May

Une première expérience qui donne envie de la renouveler.

A bientôt probablement

Michel Blanc

GALERA DO BRASIL !!!

GUINHO!!!

Anilho

…e Brésilien Alex.

Ronaldo & Constantini

…e Brésilien Ronaldo

To my Friends at Finzi:
Your Gnocchi is my Gnocchi.
May you prosper in All your life's endeavors.
Onwards upward
Walter Giorgi

En vous remerciant de votre accueil toujours aussi amical.
A très souvent
J'espère.
Salvatore Adamo

Es siempre un verdadero placer venir aquí y deleitarme con vuestros exquisitos platos y con la calidez de vuestra atención.

Un afectuoso saludo.

G. Sabatini

G. SABATINI 5-6-03

Ce fut merveilleux
comme toujours...
un rayon de soleil !!
une équipe chaleureuse,
attentive, et très efficace !!
A très vite
Denise Fabre

Merci pour la Pizza en ♡
car vous êtes tous et toutes des ♡
Bisous Laurence Boccolini

Bravo pour ce très bel endroit
le deco est tout ce que j'aime
le cuisine aussi.
A bientôt
Chevalier Thomas

Voilà qui nous a rappelé
l'Italie !
Une bonne Bande !
Laurent Ruquier

Merci Beaucoup de
votre accueil.
A Bientôt
Pierre Arditi

Cette descente ne mène pas aux
enfers mais aux joies multiples de la ta[ble]
Bravo.
Jean-Luc Petitrenaud

Merci de l'accueil
on revient très Bientôt
Jean Alesi
Nathalie
Jacques Brant

J'adorrre
Marion Cotillard

en attendant
le soleil l'Italie,
la chaleur de l'accueil
et le talent des
cuisiniers est déjà là !
A de Broca
FRANCE 2

With Best Wishes of Light Peace & Love

Jimmy Cliff

11.3.04.

Sammy

Gracias por todo

un abrazo

[illegible]

Adriana Karembeu

Un vrai régal!!

Rien à dire de plus!

Tout plein de bonheur à toute l'équipe.

Musicalement.

« [illegible] »

02/12/03.

PS: Bonnes fêtes!

Toute ma vie, j'associerai ce resto délicieux à une merveilleuse soirée.

Merci Sammy!

[illegible]

3.5.00.

Findi

Findi Trattoria

26, Avenue George V - 75008 Paris - FRANCE
Tel. : 00 (33) 1 47 20 09 94 - Fax : 00 (33) 1 47 20 10 08
www.findi.net

Findi George V

24, Avenue George V - 75008 Paris - FRANCE
Tel. : 00 (33) 1 47 20 14 78 - Fax : 00 (33) 1 47 20 10 08
www.findi.net

Findi*
ITALIAN PLEASURE
ELECTRO JAZZ PROJECT BY MAX LEONIDAS

Remerciements

L'auteur tient à remercier :
Sa famille et en particuier Cookie et Arthur.
Toute l'équipe du Findi et en particulier mes cuisiniers dirigés par le chef Loïc Gaudin et son second Olivier Geromegnace.
Claudio Puglia et ses conseils italiens.
Jacques Touroute et Max Leonidas de Royal River pour les photos tirées de l'album *Findi Italian Pleasure*.
Valentine Piel pour les relations presse de l'ouvrage : valypiel@yahoo.fr
Laurent Guyot Agency pour les relations presse du restaurant : www.lg-a.biz.
Madame Bachelier.
Tous nos remerciements aux fabricants d'art de la table suivants : Anthéor, Asa, Côté Bastide, Christiane Perrochon, Cristal d'Arques, Philippe Deshoulières, Forestier, Geneviève Lethu, Jacquard Français, L'Entrepôt, Lorenzina, Monoprix, Sia, Troll, Fleurs Laubault et à la styliste Catherine Cornille.

Imprimé en France
Dépôt légal : novembre 2004
N° d'impression :
ISBN : 2-84928-074-7
Maquette : Nelly Riedel